Der Bücherbär
First English

This book belongs to:

_____

Diana Luxton,
geboren in London, ist ausgebildete Sängerin und studierte Sprachen an der Oxford University. Die Idee, dass Kinder sich schon früh für fremde Sprachen begeistern können, bekam sie durch ihre eigenen zwei Töchter. Für sie schrieb sie ihre ersten Geschichten und Lieder zum Sprachenlernen. Ihre Bücher werden inzwischen weltweit veröffentlicht.

Diana Luxton

Die Geheimdetektive
Coole Codes und Diamanten

Mit Bildern
von Kirsten Straßmann

In neuer Rechtschreibung

1. Auflage 2006
© Edition Bücherbär im Arena Verlag GmbH, Würzburg 2006
Alle Rechte vorbehalten
Einband und Innenillustrationen: Kirsten Strassmann
Übersetzung: Annett Stütze
© für den englischen Originaltext Open Minds Creativity Ltd
CD-Arrangement und Musik: Agentur W3 Benjamin Wagner (WüNYL-Studio)
Sprecher: Markus Grimm, Neil Selby
Gesamtherstellung: Westermann Druck Zwickau GmbH
ISBN 3-401-09018-6
ISBN 978-3-401-09018-4

www.arena-verlag.de

Hallo und Hello,
kannst du schon ein bisschen Englisch?
Zum Beispiel: I am from Germany.
What's your name?
Mit den Detektivgeschichten in diesem Buch
lernst du ganz nebenbei noch mehr Englisch.
Jede Geschichte wird auf Deutsch erzählt,
damit du immer genau weißt, worum es geht.
Nur wenn Ben der Detektiv
sich mit seinem englischen Freund Robin berät,
macht er das auf Englisch.
Was diese Sätze auf Deutsch bedeuten,
kannst du in der Randspalte nachlesen.
Damit du gleich hörst,
wie man alles auf Englisch ausspricht,
findest du alle Geschichten auf der **CD.**
Hinten im Buch gibt es ein extra **Rätselheft.**
Damit kannst du herausfinden,
ob du selbst auch ein guter Detektiv bist.

Have fun with Ben the detective!
Stay cool,

    Diana Luxton

Die gefährlichen Spinnen

Bens Lieblingsbeschäftigung ist
Beobachten.
Er achtet genau auf alles,
was um ihn herum passiert.
Er beobachtet immer und überall:
in der Schule, in seiner Straße
und in der Stadt.
Man weiß ja nie,
meistens sind es die kleinen Dinge,
hinter denen sich vielleicht
ein großes Geheimnis verbirgt.
Deshalb nennen ihn alle Ben
den Detektiv.

How do you do it?
Wie machst du das?

Aber Ben weiß,
dass ein echter Detektiv
internationale Kontakte braucht.
Deshalb ist Ben mit Robin befreundet.
Robin ist so alt wie Ben und lebt in
England.
Er ist ein Profi, wenn es um das
Internet geht.
Ben macht sich seine Notizen immer
gleich auf Englisch.
So kann er sie Robin jederzeit mailen.
Ben hebt auch Robins Antworten auf
und lernt die coolen englischen
Ausdrücke auswendig.
Für seine gelösten Kriminalfälle
schreibt er ein „Kriminalprotokoll" –
auch auf Englisch, ist doch klar!
Denn Ben will gut vorbereitet sein:
Eines Tages kommt vielleicht ein
ausländischer Reporter,
hält ihm ein Mikrofon entgegen
und fragt: „Ben, how do you do it?"

Es war Dienstag,
und Ben war beim Frühstücken.
Sein Hund Dog tat so,
als würde er noch in seinem Körbchen
schlafen.
Während Ben sein Müsli löffelte,
hörte er Nachrichten:

news	Nachrichten
orange	orangefarben
spider	Spinne
Hi Robin!	Hallo Robin!
I am looking for orange tarantula spiders!	Ich suche nach orangefarbenen Taranteln!
Where shall I look?	Wo soll ich nachsehen?

„Zoologen suchen nach einer Familie orangefarbener Taranteln.
Es wird vermutet, dass die Spinnen in einer Ladung Früchte,
die gestern nach Deutschland geliefert . . ."
„Hey, Dog! Das klingt ja unheimlich!", rief Ben.
„Wo können diese Spinnen sein?"
Er strich sich seine strohblonden Haare aus der Stirn
und notierte „news", „orange" und „spider".

news

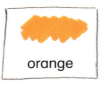
orange

spider

„Taranteln leben in Ländern,
in denen es heiß ist",
überlegte Ben.
„Lass uns Robin fragen!"
Ben emailte folgende Nachricht:
„Hi Robin! I am looking for
orange tarantula spiders!
Where shall I look?"

Schon nach kurzer Zeit kam die
Antwort – mit Bild!
Robin kannte sich mit
Grafikprogrammen aus
und hängte an seine E-Mails oft
ein lustiges Bild an.
Diesmal zeigte es Bens Foto.
Ben grinste und notierte sich die
Nachricht:
„Hi, Ben! Bananas!
Look in the boxes of bananas, grapes
or pineapples!
Good luck! Stay cool! Robin."

Look in the boxes of bananas!
Sieh in den Bananenkisten nach!

grapes
Trauben

bananas
Bananen

pineapples
Ananas

Good luck!
Viel Glück!

Stay cool!
Bleib cool!

supermarket
Supermarkt

Well done!
Gut gemacht!

Es war erst 8.00 Uhr, und
Bens Unterricht begann um 8.30 Uhr:
Englisch, sein Lieblingsfach.
Noch genügend Zeit,
um im Supermarkt nach den Spinnen
zu forschen!

Ben weckte Dog,
schnappte sich sein Fahrrad
und raste davon.
Im Supermarkt war gerade
eine neue Warenlieferung eingetroffen.
Doch alle Kisten sahen gleich aus!
„Hey, Dog, kannst du die Spinnen nicht
finden?"
Dog schnupperte müde umher.
Plötzlich blieb er laut bellend
vor einer Kiste stehen.
Ben stürzte zu der Kiste
und sah vier Babytaranteln,
die zwischen den Holzlatten hin und
her flitzten.
   „Well done, Dog!", rief Ben.
   „Stay cool!"

Schnell zog er eine kleine Plastikdose
aus seinem Rucksack,
fing eine der Babyspinnen ein
und verschloss die Dose sorgfältig.

Dear me!
Meine Güte!

What is it?
Was ist das?

It's an orange baby spider.
Das ist ein orangefarbenes Spinnenbaby.

A tarantula!
Eine Tarantel!

In der Schule eilte Ben sofort zu seiner Lehrerin.
Frau Smith wollte gerade mit dem Unterricht anfangen.
„Dear me! What is it?"
„It's an orange baby spider.
A tarantula!", antwortete Ben.
Frau Smith ließ alles stehen und liegen und rief sofort im Zoo an.
Ben radelte zurück in den Supermarkt, wo der Manager und ein Zoologe warteten.
Dog war natürlich auch noch da und wedelte aufgeregt mit dem Schwanz.
Nur: Jetzt waren keine Spinnen mehr zu sehen!

Da setzte Ben die Babyspinne
vorsichtig neben die Kiste,
wo er sie gefunden hatte.
Und blitzschnell schoss eine große
orange Tarantel heraus
und brachte die Babyspinne in die
Kiste zurück.
„Unglaublich!", staunte der Zoologe.
Im Nu wurden alle Spinnen gefangen
und in den Zoo gebracht.
Der Manager
des Supermarkts
war begeistert:
„Großartig, Ben!", lobte er.

Am Abend mailte Ben seinem Freund,
was geschehen war:
„I found the spiders in the
boxes at the supermarket!
They are in the zoo now."
Und Robin antwortete:
„Well done, Ben!
You really are
a great detective!"

zoo
Zoo

I found the spiders
in the boxes at the
supermarket!

Ich fand die Spinnen
in den Kisten im
Supermarkt!

They are in the zoo
now.
Sie sind jetzt im Zoo.

You really are a
great detective!
Du bist wirklich ein
toller Detektiv!

Kriminallprotokoll Nummer 1 /
Mission Report Number 1

"Tarantula spiders come to Germany!"
says the news.
I e-mail Robin, "Hi, Robin!
I am looking for orange tarantula spiders!
Where shall I look?"
He says, "Look in the boxes of bananas,
grapes or pineapples! Good luck! Stay cool!"
At the supermarket,
Dog helps me to look.
Dog sees the spiders.
I say, "Well done Dog!",
and I take a spider to school.
"Dear me! What is it?" says the English teacher.
"It's an orange baby spider. A tarantula!
I found the spiders in the boxes at the supermarket!"
The teacher calls the zoo.
The spiders are in the zoo now.
I e-mail Robin and he says,
"You really are a great detective!"
That's cool!

Die Kuchen-Schmuggler

Ben fuhr mit seinem Fahrrad,
und wie immer hatte er Dog dabei.
Mama meinte, es sei sicherer,
wenn er mit dem Hund unterwegs
wäre.
Aber im Grunde war es nur eine
Ausrede,
damit der Hund Auslauf hatte.
Deshalb sollte Dog eigentlich auch
neben dem Rad herflitzen,
aber er sprang immer ins
Gepäckkörbchen.

car
Auto

bridge
Brücke

hill
Hügel

truck
Lkw

An der Brücke über die Autobahn hielt Ben.
Er sah eine Weile dem Autostrom zu.
In seinem Notizbuch schrieb er auf,
was er sah:
ein rotes Auto – car, die Brücke – bridge, den Hügel – hill
und auf einem Parkplatz einen großen, weißen Lkw – truck.

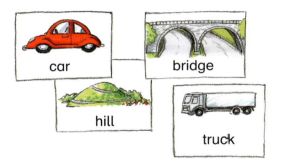

Plötzlich hielt er inne.
Er sah, wie der weiße Lastwagen
auf einmal ohne Grund Lichthupe gab.
Und: Jemand auf dem Berg blinkte zurück!
Das ist merkwürdig, dachte Ben.
Ich schreibe Robin eine SMS.
Er tippte:

„Hi! The truck flashes its lights.
Someone flashes back.
Is it a signal?"
Sein Handy piepste,
als die Antwort kam.
„Perhaps it is!
Follow the truck!"
In diesem Moment fuhr der Lkw los
und nahm die Ausfahrt Richtung Hügel.
Höchste Zeit für Detektiv Ben zu
ermitteln!
Ben radelte zum Hügel.

The truck flashes its lights.
Der Lkw gibt Lichthupe.

Someone flashes back.
Jemand blinkt zurück.

Is it a signal?
Ist das ein Zeichen?

Perhaps it is!
Vielleicht ja!

Follow the truck!
Folge dem Lkw!

23

An einem großen Tor hielt er an
und sah vorsichtig hinein.
Drei Männer schafften Kisten aus dem
Lastwagen in ein Lagerhaus.
Was wohl in den Kisten war?
Laut redend, gingen die Männer
in eine Art Büro.
Das war Bens Chance!
Dog schnüffelte hungrig,
und schon stürmte er auf den Hof.
Gut verborgen, schlich Ben ihm nach.
Dog sprang auf die Ladefläche des
Lastwagens und Ben hinterher.

Dabei stolperte er über Dog und fiel hin.
Eine der Kisten kippte herunter,
und ihr Deckel ging auf.
Hoffentlich hatten die Männer nichts gehört!
Ben schnappte sich ein Päckchen.
„Ach, das sind ja nur Kuchen.
Aber warte mal,
das ist ja viel zu schwer für Kuchen!"
Schnell öffnete er das Päckchen.
Das waren nicht nur Kuchen.
Ben sah ganz unten in der Packung
Goldmünzen schillern!
Gerade steckte er eine Münze ein,
als er die Männer hörte.
Nichts wie weg hier!
Er rannte Dog hinterher,
der mit einem Kuchen im Maul flink
aus dem Lastwagen sprang.
Bevor die Männer ihn erreichten,
sprang Ben auf sein Rad
und raste vom Hof.

The truck is full of cakes!
Der Lkw ist voll beladen mit Kuchen!

There are gold coins in the boxes too!
Es sind auch Goldmünzen in den Kisten!

Gold – and cake!
Gold – und Kuchen!

That's awesome!
Das ist großartig!

Will you go to the police?
Wirst du zur Polizei gehen?

You bet!
Darauf kannst du wetten!

Zurück zu Hause ergänzte Ben schnell seine Notizen.

 gold

 cake

Dann mailte er Robin:
„The truck is full of cakes!
There are gold coins in the boxes too!"
„Wow!", antwortete Robin.
„Gold – and cake!
That's awesome!
Will you go to the police?"
„You bet!", antwortete Ben
und schaltete den Computer aus.

Die Polizisten auf der Wache
lachten erst einmal,
als Ben von dem geschmuggelten
Gold erzählte.
Aber dann sahen sie die Goldmünze!
Und kurz darauf fuhren ein paar
Polizeiwagen auf den Hügel.

Später am Abend klingelte es an der Tür.
Es war der Polizeikommissar!
Awesome!, dachte Ben bei sich.
„Tut mir leid, aber Gold können wir dir
nicht zur Belohnung geben",
sagte der Kommissar.
„Aber hier – eine große Packung
Kuchen für dich.
Großartige Arbeit, Detektiv Ben!"

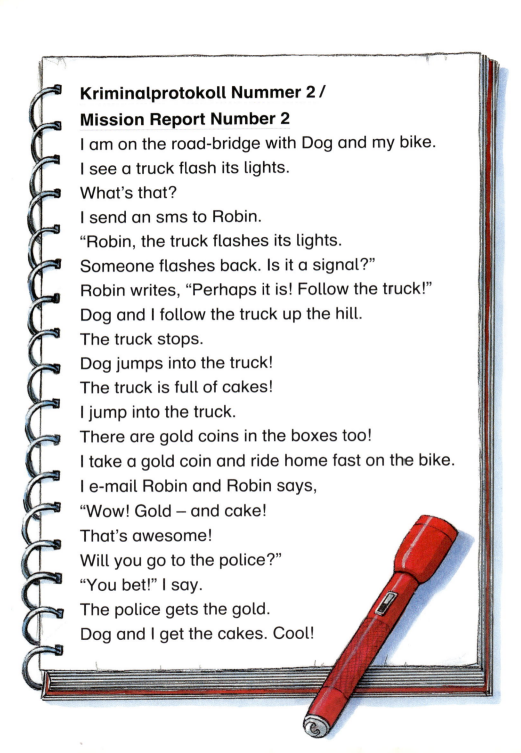

Kriminalprotokoll Nummer 2 /
Mission Report Number 2

I am on the road-bridge with Dog and my bike.
I see a truck flash its lights.
What's that?
I send an sms to Robin.
"Robin, the truck flashes its lights.
Someone flashes back. Is it a signal?"
Robin writes, "Perhaps it is! Follow the truck!"
Dog and I follow the truck up the hill.
The truck stops.
Dog jumps into the truck!
The truck is full of cakes!
I jump into the truck.
There are gold coins in the boxes too!
I take a gold coin and ride home fast on the bike.
I e-mail Robin and Robin says,
"Wow! Gold – and cake!
That's awesome!
Will you go to the police?"
"You bet!" I say.
The police gets the gold.
Dog and I get the cakes. Cool!

Der Ravioli-Betrug

Zu besonderen Gelegenheiten
geht Ben mit seinen Eltern
in einem italienischen Restaurant
essen.
Dog geht dort auch sehr gerne hin,
er bekommt nämlich immer Häppchen
aus der Küche.
Es gibt einen echten
italienischen Chef, Alberto,
und einen Kellner namens Mario.
Alberto hat immer
einen Grund zu lachen,
Mario runzelt meist nur die Stirn.
Vielleicht mag er keine Hunde.

restaurant
Restaurant

pasta
Nudeln

kitchen
Küche

restaurant

pasta

kitchen

Es war Samstag,
und Mama hatte Ben und Dog
zum Einkaufen geschickt.
Dabei kamen die beiden
am Restaurant vorbei.
Dogs Nase zuckte.
Er sprang aus seinem Körbchen
und lief schnüffelnd zum Hintereingang.
„Komm zurück, Dog",
rief Ben vergeblich.
Also folgte er ihm.
Vor der Küchentür
stand eine Lieferung Kisten
mit dem Aufdruck „NUDELN".
Eine Kiste war ein wenig offen,
so als hätte jemand
etwas herausgenommen.
Schnell nahm Ben sein Notizbuch.
Dog schnüffelte in der Kiste.
Als er wieder auftauchte,
hielt er eine Packung
Ravioli in der Schnauze.

„Dog! Aus!", rief Ben.
Aber neugierig guckte er
nun auch in die Kiste.
„Das ist merkwürdig", murmelte er.
„Alberto serviert doch immer
frische Nudeln,
keine abgepackten Fertignudeln!"
In diesem Moment erschien Mario,
der Kellner, an der Tür
und rief: „He! Was macht ihr denn da?"

Alberto likes fresh ravioli.
Alberto mag frische Ravioli.

I have a packet of ravioli from the box.
Ich habe ein Paket Ravioli aus der Kiste.

It's not fresh,
it's dried!
Sie sind nicht frisch, sie sind getrocknet!

Open the packet!
Öffne das Paket!

Look inside!
Sieh hinein!

What can you see?
Was kannst du sehen?

Dog rannte mit dem Päckchen Nudeln
im Maul davon
und Ben hinterher.

Wieder zu Hause
stellte Ben das Päckchen Ravioli
und die Einkäufe in die Küche.
Dann schrieb er eine E-Mail an Robin:
„Robin, Alberto likes fresh ravioli.
I have a packet of ravioli from the box.
It's not fresh, it's dried!"
Robin antwortete:
„Open the packet. Look inside.
What can you see?"
Als Ben wieder in die Küche kam,
stellte er erschrocken fest,
dass Mama die Ravioli gerade kochte.

„Danke, Ben", sagte sie,
als sie die Nudeln auf den Tellern verteilte.
„Ravioli standen zwar nicht auf der
Einkaufsliste,
aber es ist eine nette Abwechslung!"

„Oh", rief Mama plötzlich beim Essen.
„Was ist das denn?"
Sie hatte auf etwas Hartes gebissen.
„Lass mich nachsehen!"
Flink legte Ben den Krümel
unter sein Mikroskop
und erkannte, was es war:
ein kleiner Diamant!
Und schnell entdeckten sie
in jeder Ravioli einen Diamanten.
Schmuggelte Mario etwa Diamanten?
Ben notierte sich alles.

diamond
Diamant

ravioli
Ravioli

diamond

ravioli

Als Ben mit seiner Mutter
und einem Teller Ravioli
auf der Wache ankam,
waren die Polizisten sehr überrascht.
Bis Ben die ganze Geschichte erklärte!

Später am Nachmittag klingelte das
Telefon.
Es war Alberto.
Die Polizei hatte gerade Mario
und seine Schmugglerbande verhaftet.
„Bitte, kommt heute Abend ins
Restaurant.
Es gibt ein paar gute, frische Ravioli.
Ich möchte euch so gern danken!",
lud Alberto sie ein.

Vor dem Schlafengehen schrieb Ben an Robin:
„There are diamonds inside!
The police are happy
and Alberto is happy.
I am happy – I've got fresh ravioli from Alberto!"
Robin antwortete mit einem Reim:
„I like pasta, I like cheese –
where's my ravioli, please?"
„Sorry!", tippte Ben
und leckte seine Lippen,
„it's all gone!"

There are diamonds inside!
Es sind Diamanten darin!

The police are happy and Alberto is happy.
Die Polizei ist glücklich und Alberto ist glücklich.

I've got fresh ravioli from Alberto!
Ich habe frische Ravioli von Alberto bekommen!

I like pasta, I like cheese!
Ich mag Pasta, ich mag Käse!

Where's my ravioli, please?
Wo sind meine Ravioli, bitte?

It's all gone.
Sie sind alle weg.

Kriminalprotokoll Nummer 3 / Mission Report Number 3

Alberto runs an Italian restaurant.
One day, I see a box outside the restaurant.
Dog jumps into the box.
He runs away with a packet!
I run too!
At home, I e-mail Robin.
"I have a packet from the box.
It's ravioli, but it's not fresh, it's dried!
Alberto likes fresh ravioli."
Robin says, "Open the packet.
Look inside!
What can you see?"
In the evening, I e-mail Robin,
"There are diamonds inside!
The police have the ravioli
and the diamonds – and Mario!
The police and Alberto are happy.
I am happy – I've got fresh ravioli from Alberto!"
Robin says, "Where is my ravioli, please?"
I say, "Sorry! It's all gone!"

Der geheime Agentencode

Als Ben in die Schule kam,
hatte Sara, die neben ihm saß,
schlechte Laune.
Sara war dünn und hatte feine blonde
Haare.
Sie trug immer grüne oder gelbe Kleider
und sah ein bisschen wie eine
Wildblume aus.
Nur heute erinnerte sie eher an eine
Gewitterwolke.
„Ben", sagte sie, „komm mal her."
„Worum geht's?", fragte er.

„Mein Bruder und seine Freunde
haben einen geheimen 007-Klub
gegründet.
Sie sagen, dass ich nicht
mitmachen darf",
erklärte Sara.
„Toll! Ein 007-Klub!
Da wäre ich auch gern dabei!",
sagte Ben.
„Also, wie kann ich dir helfen?"
Ben machte sich Notizen,
als Sara erzählte,
dass noch am selben Tag
eine Party geplant sei.
Die Adresse war mit einem
Geheimcode verschlüsselt –
und auf Englisch.
Also nur echte 007-Fans konnten sie
herausfinden
und zur Party gehen.
„Dieser Code ist echt eine harte Nuss!",
zischte Sara ärgerlich.
„Wenn wir den Code zusammen knacken,
könnten wir beide zur Party."

Robin, this is a
secret code.
Robin, das ist ein
Geheimcode.

Can you help me?
Kannst du mir
helfen?

He is the key.
Er ist der Schlüssel.

It sounds like ring.
Es klingt wie Ring.

It rhymes with „feet".
Es reimt sich auf
„feet".

But starts like
„string".
Aber es beginnt wie
„string".

The British Queen
will let you know.
Die britische Königin
wird es dich wissen
lassen.

40

In der nächsten Pause
schrieb Ben an seinen Freund:
„Robin, this is a secret code.
Can you help me?"

He is the key –
and sounds like ring.
It rhymes with feet
but starts like string.
The British Queen
will let you know –
to which number you must go!

„Gut", sagte Ben
und starrte auf das Papier.
„Wenn es wie ‚ring' klingen soll,
muss es auch auf ‚-ing,' enden."
Er sah sich suchend im Raum um.
Sein Blick fiel auf seine Hausaufgaben –
Rechtschreibung!
Sie lernten gerade Wörter,
die ähnlich klingen,
aber anders geschrieben werden.
Auf dem Handy
konnte man solche Wörter

mit der „Schreibprüfung" finden.
„Ich hab's!", rief er
und schrieb eine SMS:
„Robin, can you use spell-check?
Please type in ‚ing'."
Robin versuchte es
und schickte als Antwort:
„The spell-check gives: in, ink, king."
„O.k.", überlegte Ben.
„R-ing enthält den ‚key', also den
Schlüssel.
Welches Wort ist es?"
„Natürlich!", rief Sara.
„K-ing: Du weißt – der König!"
Ben lachte. „Großartig!
Nun ‚eet' von ‚feet' und ‚st' von ‚string'."

To which number
you must go.
Zu welcher Nummer
du gehen musst.

Robin, can you use
spell-check?
Robin, kannst du
die Schreibprüfung
benutzen?

Please type in . . .
Bitte gib ein . . .

The spell-check
gives: . . .
Die Schreibprüfung
bietet an: . . .

41

Choose a word from these.
Wähle eines dieser Wörter aus.

The party is at number 2,
King Street!
Das Fest ist in der Königsstraße Nr. 2.

You've done it!
Du hast es geschafft!

Ben schickte die nächste SMS, und Robin antwortete:
„Hi! Choose a word from these: street, steed, steer."
„Ah, verstehe", sagte Ben.
„Street. King Street. Das heißt Königsstraße!"
„Super!", freute sich Sara.
„Aber welche Nummer?"
„Mmmh", überlegte sie weiter, „die englische Königin ist Königin Elisabeth die Zweite,
also müsste es Nummer 2 sein."
„Genau, das ist es!"
Ben war ganz aufgeregt.
Robin hatte es inzwischen auch herausgefunden:
„The party is at number 2, King Street!", schrieb er.
„Ben, you've done it!"
Sara klatschte vor Aufregung in die Hände.
„Au ja, Ben, wir gehen heute Nachmittag auf die Party.
Da kann mein toller Bruder still sein!"

Und Bens Handy piepste
gleich noch einmal:
„Have a great party!
CU! Robin", stand da.
„CU? Ah – see you!
Cool!", murmelte Ben,
als er lachend mit Sara
zurück in die Klasse ging.

Have a great party!
Viel Spaß auf dem Fest!

See you!
Bis später!

Kriminalprotokoll Nummer 4 /
Mission Report Number 4
Sara wants to go to a 007 party.
The address is in secret code – in English!
This is the code:
"He is the key – and sounds like ring.
It rhymes with feet – but starts like string.
The British Queen will let you know
to which number you must go!"
I say, "Let's send an sms to Robin.
Robin, can you use spell-check?
Please type in: . . ."
Robin writes:
"Yes! Choose a word from these . . ."
Sara, Robin and I
soon find the address in the code.
The party is at number 2, King Street!
"Ben, you've done it!
Have a great party!" writes Robin.
"CU!"
That's: See you!
Cool!

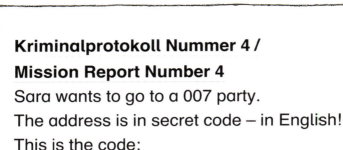

Der Schnappschuss

Das waren Neuigkeiten!
Der berühmte englische Popstar
Hank Boom
gab ein Konzert in Bens Stadt.
Auf dem englischen Poster stand:
„Hank Boom is here!
The show starts at 7 pm."
Die ganze Klasse war aufgeregt.
Alle wollten ein Foto von Hank Boom.
Ben machte sich gleich eine Notiz,
um sich für diesen Tag
eine bessere Kamera auszuleihen.
Denn er wollte die besten Fotos machen!

Hank Boom is here!
Hank Boom ist da!

The show starts at 7 pm.
Die Vorstellung beginnt um 19 Uhr.

camera
Kamera

photo
Foto

camera

photo

noise
Geräusch

stage
Bühne

Take this guitar too.
Nimm auch diese
Gitarre.

It's his favourite.
Es ist seine liebste.

We can sell it!
Wir können sie
verkaufen!

boot
Kofferraum

guitar
Gitarre

Das Konzert war sofort ausverkauft.
Ben hatte keine Eintrittskarten mehr
bekommen.
Deshalb stand er mit Dog und seinen
Freunden vor der Absperrung.
Hier konnten sie die Musik auch hören
und Fotos knipsen.
Plötzlich spitzte Dog seine Ohren
und zerrte an der Leine.

noise

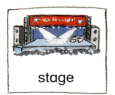
stage

Ben folgte ihm hinter die Bühne.
Er traute seinen Augen kaum:
Zwei von Hanks Bühnenarbeitern
waren gerade dabei,
eine Transportkiste aufzubrechen.
"Take this guitar too!
It's his favourite!
We can sell it!"
Sie luden die Gitarren in den
Kofferraum des Autos
und verdeckten sie mit Plastiktüten.

boot

guitar

Den kleinen, unscheinbaren Jungen und seinen strubbeligen Hund bemerkten die Männer nicht.
Was mache ich denn jetzt?, fragte sich Ben.
Er steckte sein Notizbuch in die Tasche und holte die Kamera heraus.

Who are you?
Wer bist du?

What are you doing?
Was machst du da?

Blitzschnell knipste er ein paar Fotos
und rannte dann
in die Menschenmenge zurück.
Die beiden Männer schrien ihm nach:
„Hey! Who are you?
What are you doing?"
Sie rannten ihm hinterher,
aber sie waren zu langsam,
um ihn einzuholen.
In diesem Moment verließ Hank
die Bühne.
Für das nächste Lied
wollte er seine berühmte
„Fender-Gitarre" holen.
Doch sie war spurlos verschwunden!
Sofort löste der Popstar Alarm aus,
und die Polizei beendete
das Konzert.

Am nächsten Tag
waren die Zeitungen voll mit Bildern
von Hank und seiner Gitarre.
Aber die Bilder gaben keine Hinweise
auf die Diebe.
Die Polizei war ratlos.
Ben dachte an seine Fotos.
„Jetzt liegt es an dir, Ben",
sagte er zu sich selbst.
Er speicherte die Fotos auf seinem PC
und beschrieb Robin die ganze Sache.
Robins Antwort lautete:
„Send the photos by e-mail
to Hank's fan club!"
„Great idea!", schrieb Ben.
„You are a super detective too!"

Send the photos
by e-mail
to Hank's fan club.
Schicke die Fotos
in einer E-mail an
Hanks Fanklub.

Great idea!
Tolle Idee!

You are a super
detective too!
Du bist auch ein
super Detektiv!

I've got my favourite guitar back.
Ich habe meine Lieblingsgitarre zurück.

Don't thank me, thank my dog!
Danke nicht mir, sondern danke meinem Hund.

Do you like music?
Magst du Musik?

I like your music!
Ich mag deine Musik!

Here are two tickets to my next concert.
Hier sind zwei Eintrittskarten für mein nächstes Konzert.

Einen Tag später rief Hank persönlich an und wollte Ben treffen.
Die Polizei hatte die Diebe gefasst.
„Well done, Ben!", lobte ihn Hank.
„Thank you!
I've got my favourite guitar back!"
Ben lachte: „Don't thank me,
thank my dog!"
Da musste auch Hank lachen.
„Do you like music?", fragte Hank.
„Yes, I like your music!", nickte Ben.
„Here are two tickets to my next concert.

Your dog can come free!", sagte Hank.
„Wow!", freute sich Ben.
„That's one for me and one for Robin.
He's in the UK."
„Cool!", meinte Hank.
„Cool", stimmte ihm Ben zu und lachte.

Ben wollte gerade gehen,
da stürmte ein Mann auf ihn zu:
„Hi! I'm Ken from International News.
Ben the detective, how do you do it?"
Und stolz erzählte Ben dem Reporter,
wie er den Fall gelöst hatte.

Your dog can come free!
Dein Hund darf ohne Eintritt hinein!

That's one for me and one for Robin.
Das ist eine für mich und eine für Robin.

He's in the UK.
Er lebt in Großbritannien.

I'm Ken from International News.
Ich bin Ken, von den internationalen Nachrichten.

How do you do it?
Wie machst du das?

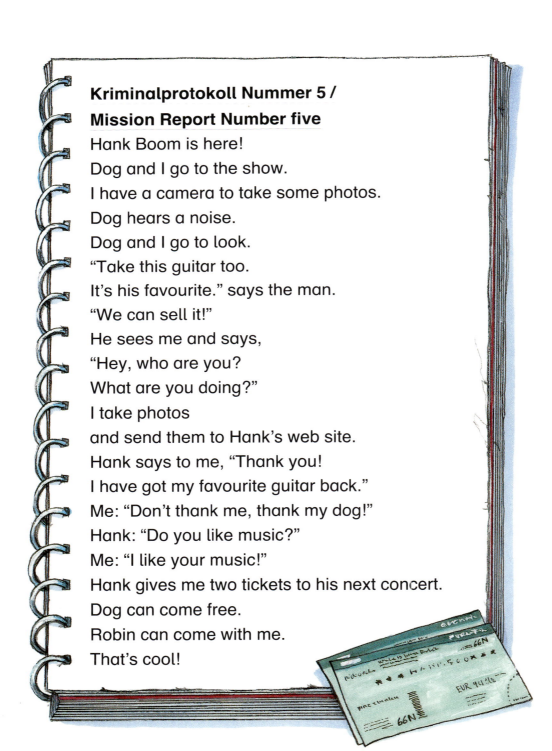

Wörter von A bis Z

A

all	alle / alles, ganz, jede / jeder / jedes
am	bin
are	sind
at	am, an, auf, bei, in, im, über, um, zu
awesome	eigentl. Furcht einflößend; dieses Wort benutzt man aber im Alltag für: großartig

B

baby	Baby
back	zurück
banana	Banane
bet	wetten
boot	Kofferraum
box	Kiste
bridge	Brücke
British Queen	britische Königin
by	an, bei, bis, durch, indem, neben, über, von, bis zu

C

cake	Kuchen
camera	Kamera
can	können
car	Auto
cheese	Käse
choose	auswählen
code	Code
coin	Münze
come	kommen
concert	Konzert
cool	cool

D

Dear me!	Meine Güte!
detective	Detektiv
diamond	Diamant
do	tun, machen
dog	Hund
done	getan
dried	getrocknet

E

e-mail	E-Mail

F

fan club	Fanklub
favourite	Lieblings-
feet	Füße
flash	blinken
follow	folgen
free	frei, gratis
fresh	frisch
from	aus, ab, von, vor
full	voll

G

go	gehen

gold	Gold	like	mögen; ähnlich, gleich, wie
gone	weg	look	(nach)sehen
Good luck!	Viel Glück!	look for	suchen
grape	Traube		
great	toll		
guitar	Gitarre		

M

me	mich / mir
music	Musik
must	müssen
my	mein

H

happy	glücklich
have	haben
he	er
help	helfen
here	hier, da
hill	Hügel
how	wie

N

news	Nachrichten
next	nächste / nächster / nächstes
noise	Geräusch
now	jetzt
number	Nummer

I

I	ich
idea	Idee
in	in
inside	drin, drinnen, innen, innerhalb
is	ist
it	das, es

O

of	aus, über, von, vor
one	ein / eine / eins
open	öffnen
orange	orangefarben

K

key	Schlüssel
kitchen	Küche
know	wissen

P

packet	Paket
party	Fest, Party
pasta	Nudeln
perhaps	vielleicht
photo	Foto
pineapple	Ananas
please	bitte

L

let	lassen
light	Licht

police	Polizei

R
ravioli	Ravioli
really	wirklich
restaurant	Restaurant
rhyme	reimen
ring	Ring

S
secret	geheim
see	sehen
See you!	Bis später!
sell	verkaufen
send	schicken
shall	sollen
show	Show
signal	Zeichen, Signal
someone	jemand
sorry	Verzeihung
sound	klingen
spell-check	Rechtschreibhilfe, Schreibhilfe
spider	Spinne
stage	Bühne
start	beginnen
stay	bleiben
street	Straße
super	super
supermarket	Supermarkt

T
take	nehmen
tarantula spiders	Taranteln
Thank, thank you	vielen Dank
there	da, dabei, dahin, dort, dorthin
these	diese (Mehrzahl)
this	diese (Einzahl)
ticket	Eintrittskarte
to	zu, für
too	auch
tooth	Zahn
truck	Lkw
two	zwei
type	eingeben

U
UK	Vereinigtes Königreich (United Kingdom)
use	benutzen

W
Well done!	Gut gemacht!
what	was
where	wo
which	welche / welcher / welches
who	wer
will	werden
with	mit

word	Wort

Y
you	du, dich, ihr, euch, man, Ihnen, Sie
your	dein, euer, ihr

Z
zoo	Zoo

Trackliste der CD

(gesamte Spieldauer ca. 57 min.)

1. Die gefährlichen Spinnen (7:27)
2. Die Kuchen-Schmuggler (5:58)
3. Der Ravioli-Betrug (5:57)
4. Der geheime Agentencode (6:21)
5. Der Schnappschuß (6:07)
6. Wörter zum Nachsprechen zu „Die gefährlichen Spinnen" (3:04)
7. Wörter zum Nachsprechen zu „Die Kuchen-Schmuggler" (2:05)
8. Wörter zum Nachsprechen zu „Der Ravioli-Betrug" (2:35)
9. Wörter zum Nachsprechen zu „Der geheime Agentencode" (2:44)
10. Wörter zum Nachsprechen zu „Der Schnappschuß" (4:05)
11. Mini-Wörtertest Deutsch – Englisch (3:07)

12. Rätselfragen zu
    „Die gefährlichen Spinnen" (1:32)
13. Rätselfragen zu
    „Die Kuchen-Schmuggler" (1:35)
14. Rätselfragen zu
    „Der Ravioli-Betrug" (1:26)
15. Rätselfragen zu
    „Der geheime Agentencode" (1:26)
16. Rätselfragen zu
    „Der Schnappschuß" (1:42)

Do you speak English?

Noch mehr Lese- und Spielspaß für das erste Englisch

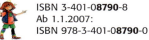
ISBN 3-401-0**8790**-8
Ab 1.1.2007:
ISBN 978-3-401-0**8790**-0

ISBN 3-401-0**8949**-8
Ab 1.1.2007:
ISBN 978-3-401-0**8949**-2

Gespannt werden Englisch-Anfänger die lustigen Abenteuer von Hexe Lilli verfolgen. Egal ob beim verflixten Hausaufgaben-Zauber oder mit echten Dinosauriern – Lilli the Witch is magic!

Beide Bände: Gebunden. Durchgehend farbig illustriert. Mit Hexe Lilli Figur am Bändchen.

Nachwuchsdetektive können jetzt gleichzeitig mit ihrem Wissen auch ihr Englisch trainieren! Der neue Quizblock stellt in leichtem, verständlichem Englisch Fragen zu allen Wissensgebieten. Mit Vokabelliste!

Spiralblock mit 50 Karten
ISBN 3-401-0**8843**-2
Ab 1.1.2007:
ISBN 978-3-401-0**8943**-3

www.arena-verlag.de

Buchstabenrätsel

In den folgenden Aufgaben sind viele fett gedruckte Buchstaben versteckt. Wenn du sie der Reihe nach sammelst, ergeben sie ein Lösungswort.
Trage alle Buchstaben in die Kästchen am Ende des Heftes ein. Dann erfährst du das Lösungswort – natürlich auf Englisch!

Hallo und Hello,

bestimmt könnt ihr schon ganz viele
englische Wörter und Sätze
aus diesem Buch auswendig.
Als echte Englisch-Detektive
findet ihr sicher auch die Lösungen
zu den Rätseln in diesem Heft.

Tipp: Besorgt euch ein Vokabelheft
oder Karteikarten, auf die ihr alle
Wörter, die ihr schon kennt,
schreibt und malt.

Stay cool,

BEN

Die gefährlichen Spinnen

1. Which is the correct ending to the story?
Wie endet die Geschichte wirklich?
Kreuze das richtige Ende an.

☐ The spiders go to the zoo.
☐ The spiders go to the school.
☐ The spiders go to the supermarket.
☐ The spiders go to Ben's house.

2. Make a note in your own note book:
Draw and write "grapes" and "bananas".
Schreibe und male die Wörter
„grapes" und „bananas"
in dein Vokabelheft.

3. Where do tarantulas live, in hot or cold countries?
Wo leben Taranteln – in heißen oder kalten Ländern?

Tarantulas live in _____ countries.

4. Find the words in the letter maze.
Finde die Wörter im Wortgitter.

G	B	Z	E	Y	E
O	R	M	O	B	G
D	E	A	P	O	N
N	Z	A	P	X	A
S	P	I	D	E	R
O	G	R	X	S	S

Die Kuchen-Schmuggler

1. Which is the correct ending to the story?
Wie endet die Geschichte wirklich?

☐ The dog eats the truck.
☐ The dog finds the bike.
☐ Ben eats the dog.
☐ Ben gets the cake.

2. Make a note in your own note book: Draw and write "truck" and "gold".
Schreibe und male die Wörter „truck" und „gold" in dein Vokabelheft.

3. Which two coins are used in Europe:

Welche zwei Münzen werden in Europa benutzt?

US DOLLAR   BRITISH POUND   YEN   EURO

4. Trage die englischen Wörter ein.

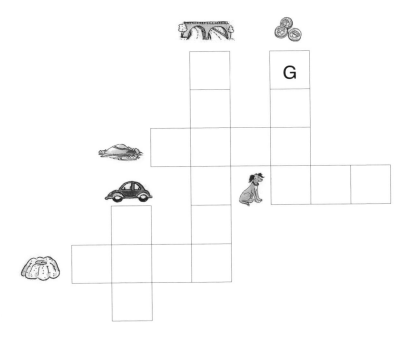

Der Ravioli-Betrug

1. Which is the correct ending to the story?
Wie endet die Geschichte wirklich?

☐ Mario eats the pasta.
☐ The diamonds are in the ravioli.
☐ The Italians buy the ravioli.
☐ Ben is a smuggler.

2. Make a note in your own note book:
Draw and write "pasta" and "diamonds".
Schreibe und male die Wörter „pasta" und „diamonds"
in dein Vokabelheft.

3. Which country does pasta
originally come from?
From Germany, Italy or France?
Aus welchem Land kommen Nudeln ursprünglich?
Aus Deutschland, Italien oder Frankreich?

Pasta comes from _____.

4. Find the one missing letter
to complete all these words.
Then **d**raw a line to the pictures.
Es fehlt immer derselbe Buchstabe. Trage ihn ein.
Dann verbinde die Wörter mit den Bildern.

p_st_

di_mond

rest_ur_nt

r_violi

Der geheime Agentencode

1. Which is the correct ending to the story?
Wie endet die Geschichte wirklich?

☐ Sara goes shopping.
☐ Dog breaks the code.
☐ Ben and Sara go to the party.
☐ Dog becomes 007.

2. Make a not**e** in your own not**e** book:
Draw and write "king" and "street"
Schreibe und male die Wörter „king" und „street"
in dein Vokabelheft.

3. Findest du den Weg zur Agentenparty?
Achtung: Nur die Wörter für Dinge, die sich bewegen, führen zum Ziel.

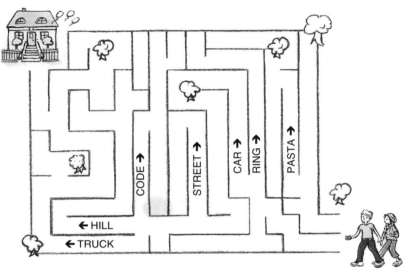

4. Wie heißen diese Wörter auf Englisch?
Verbinde immer ein Paar, das sich reimt.

_____   _____   _____   _____

Der Schnappschuss

1. Which is the correct ending to the story?
Wie endet die Geschichte wirklich?

☐ Dog plays the guitar.
☐ Robin takes the photos.
☐ Hank gets his guitar back.
☐ Ben becomes a news reporter.

2. Make a note in your own note book: Draw and write "photo" and "camera".
Schreibe und male die Wörter „photo" und „camera" in dein Vokabelheft.

3. How many strings are usually on a guitar?
Wie viele Saiten sind normalerweise auf einer Gitarre?

There are _____ strings on a guitar.

4. Welche Fototeile passen zusammen? **V**erbinde.

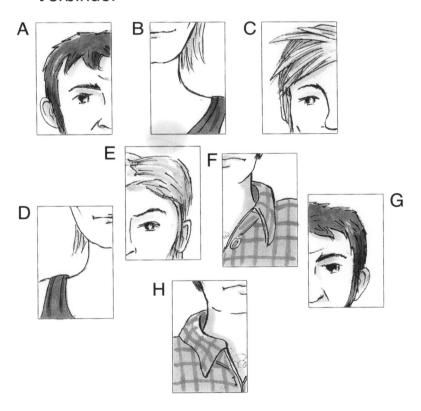

5. Wer verbirgt sich hier?
Verbinde die Punkte von 1 bis 52!

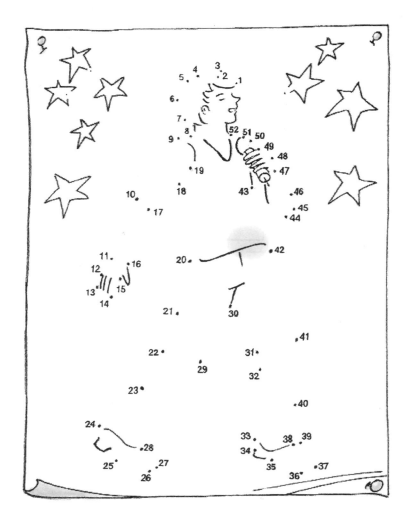

Kennst du das Lösungswort?

You really are an

© Edition Bücherbär im Arena Verlag GmbH, Würzburg 2006
Alle Rechte vorbehalten
Übungsheft zu:
Die Geheimdetektive. Coole Codes und Diamanten
ISBN 3-401-09018-6
ISBN 978-3-401-09018-4

www.arena-verlag.de

Lösungen

Seite 4:
1. The spiders go to the zoo.
Seite 5:
Tarantulas live in hot countries.

Seite 6:
1. Ben gets the cake
Seite 7:
3. The Euro and the British pound are used in Europe.
In Europa werden Euro und britisches Pfund benutzt.
4.

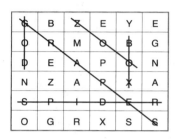

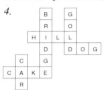

Seite 8:
1. The diamonds are in the ravioli.
Seite 9:
3. Pasta comes from Italy. – 4. pasta, diamond, restaurant, ravioli
Seite 10:
1. Ben and Sara go to the party.
Seite 11:
3. Die Wörter „car" und „truck" führen zum Ziel.
4. Reimpaare: king – ring / feet – street
Seite 12:
1. Hank gets his guitar back.
Seite 13:
3. There are six strings on a guitar. – Auf einer Gitarre sind sechs Saiten.
4. Es gehören zusammen: A, G, H und F sowie B, C, D und E.
Seite 14:
5. Im Bild siehst du den Sänger „Hank Boom".

Das Lösungswort lautet:
English detective